Mistérios da Alma

Luiz Alberto Py

Mistérios da Alma

Alguns pensamentos e suas histórias

BestSeller

CIP-Brasil. Catalogação-na-fonte
Sindicato Nacional dos Editores de Livros, RJ.

Py, Luiz Alberto, 1939-
P996m Mistérios da alma/Luiz Alberto Py. – Rio de Janeiro: Best*Seller*, 2007.

ISBN 978-85-7684-207-1

1. Psicologia. 2. Emoções – Aspectos psicológicos. 3. Comportamento – humano. I. Título.

07-2069 CDD – 158.1
CDU – 159.947

MISTÉRIOS DA ALMA

Capa: Miriam Lerner
Editoração eletrônica: DFL

EDITORA BEST SELLER LTDA.
Rua Argentina, 171, parte, São Cristóvão
Rio de Janeiro, RJ — CEP: 20921-380

Impresso no Brasil

ISBN 978-85-7684-207-1

Prefácio

Conheço o dr. Luiz Alberto Py há um quarto de século. De psicanalista passou a amigo. De amigo, a colunista. A meu ver, sua maior credencial — como psicanalista, amigo e colunista — sempre foi apostar na saúde e não na doença. Na renovação e não na paralisia. Na humildade e não na arrogância. E numa visão peculiar do avesso da vida, tão bem expressa num dos pensamentos desconcertantes deste pequeno livro: "A loucura é feita de certezas." Py afirma na Introdução que escreveu este livreto, sobretudo, por ser um apreciador de frases. Mas vou pedir permissão para discordar publicamente do autor. O motivo é outro: Py é um apreciador da vida em sua plenitude e o que ele quer com este "guia da mente" é editar mais um capítulo da história que vem construindo há décadas, desde a época de seu modesto consultório em Copacabana. Sua missão é ajudar o próximo a ser feliz. E o mais incrível é que ele consegue.

Ruth de Aquino
Ex-diretora de Jornalismo de *O Dia*
Repórter de assuntos especiais de *Época*

Introdução

Ao me convidar para escrever uma coluna dominical que respondesse às perguntas de leitores sobre questões emocionais, Ruth de Aquino, diretora de redação do jornal *O Dia*, sugeriu que terminasse o texto citando algum pensamento e fazendo um comentário explicativo sobre ele. Gostei da idéia porque sou um apreciador de frases. Considero a capacidade de resumir numa única sentença todo um pensamento uma arte muito especial. Acredito que a clareza de linguagem — fundamental para o entendimento entre as pessoas e também para cada indivíduo conversar consigo mesmo — depende, essencialmente, da precisão e da concisão. Nada mais preciso e conciso do que uma sentença capaz de fazer a súmula de alguma reflexão. E a proposta de fazer uma rápida observação me deu a oportunidade de construir uma nova frase a partir da anterior.

Ao terminar o ano, tendo redigido 46 colunas e publicado 45 frases — a coluna de número 41 saiu, por problemas de edição, sem a frase —, percebi que tinha em mãos um pequeno livro, que me pareceu simpático e possivelmente útil. Os editores também pensaram assim, e o resultado está agora em suas mãos.

Alguns pensamentos e comentários foram republicados com pequenas modificações. Nestas ocasiões, registrei a forma original e comentei as razões das mudanças feitas. Aproveitei o espaço maior que o livro oferece e acrescentei informações e mais comentários sobre o porquê das frases, quem foram seus autores e minhas motivações para escolhê-las. Foi uma oportunidade para mostrar os labirintos do trabalho.

"Tudo o que nos acontece foi planejado para o nosso crescimento espiritual."

Acreditar nisto é a forma mais rápida para deixar de ter uma atitude passiva frente ao sofrimento.

O texto original, que enviei para o jornal junto com o restante da coluna, era assim:

"A forma mais rápida para deixar de ter uma atitude passiva frente ao sofrimento consiste em acreditar que tudo que nos acontece foi planejado para nosso crescimento espiritual." M. Scott Peck em *Further Along the Road Less Travelled*.

A editora ponderou que a frase ficava muito comprida e não poderia ter o destaque desejável. Ao modificar, como você pode ver, acrescentei parte da sentença como meu comentário. O nome do autor da frase se perdeu na correção e deixou de ser publicado. Gostaria de acrescentar que *The Road Less Travelled*, o primeiro livro de Scott Peck, foi o mais vendido nos Estados Unidos na década de 1980, uma façanha rara. Ainda mais em se tratando de um livro que reúne considerações psicanalíticas (o autor é psiquiatra e psicoterapeuta), com reflexões sobre a espiritualidade.

Descobri este livro, e seu autor, consultando a lista dos mais vendidos publicada pelo *The New York Times*. Chamou minha atenção o fato de que ele estava havia mais de 500 semanas entre os best-sellers. Quando o comprei, me surpreendi ao ver que havia sido escrito por um psiquiatra. Sua leitura foi uma agradável surpresa. Levei seis meses degustando as idéias de Peck; meu exemplar ficou coalhado de anotações que fui fazendo. Ele foi publicado no Brasil sob o título *A trilha menos percorrida*, sem qualquer repercussão. E desde então procurei todos os livros de Scott Peck.

Escolhi este pensamento para a coluna inicial por diversas razões. Ele resume uma abordagem moderna e inteligente da questão espiritual. Além disto, oferece um saudável conselho sobre como tentar lidar com o sofrimento inerente à vida e nos coloca em uma disposição mais favorável para virar páginas dolorosas.

"É com as mãos que se vai ao céu."

Louis Pauwels em O despertar dos mágicos, *sobre o pai carpinteiro que lhe mostrou o valor do trabalho.*

O despertar dos mágicos foi um livro importantíssimo em sua época. Publicado nos anos 50, foi a primeira vez em que uma manifestação literária em favor de uma visão menos materialista da vida obteve retumbante sucesso. O livro se tornou campeão de vendas pelo mundo afora. Na sua esteira, milhares de livros esotéricos foram lançados.

No livro, Louis Pauwels, em parceria com Jacques Bergier, examina diversos aspectos de uma descrição do universo que colide com o que na época era a visão científica. Acho que o livro detectou em primeira mão uma tendência mundial de volta à espiritualidade que se ampliou ao longo das últimas décadas do século XX.

O pensamento que publiquei me agrada por ser uma desmistificação da importância da intelectualidade. Não basta ler e estudar, é preciso meter a mão na massa. Gosto da idéia de dignificar o trabalho manual.

"De nada vale ajudar a quem não se ajuda."

A frase de Confúcio mostra que, para contar com o auxílio dos outros, temos de começar a fazer nosso trabalho.

A frase originalmente enviada para o jornal foi: "De nada vale ajudar quem não ajuda a si mesmo." Confúcio

E o comentário: *Para contar com o auxílio dos outros, comece a fazer o seu trabalho.*

Gostei da alteração proposta pela editora da coluna, que tornou a idéia mais concisa e clara.

Eu gostaria de ter dito "começar *por* fazer", em vez de "*a* fazer", mas muitas coisas só são percebidas quando vemos o jornal publicado. Por diversas vezes, lendo a coluna no jornal, senti pena de não ter sido capaz de mexer no texto e melhorar pequenos detalhes como este.

Na ocasião em que comecei a publicar a coluna estava escrevendo, junto com o dr. Haroldo Jacques — meu colega de turma na Faculdade de Medicina da UFRJ, renomado angiologista e diretor de uma clínica de *check-up*, a EMCE —, um livro que lançamos pela Editora Campus, *A linguagem da saúde*. Haroldo teve a idéia de colocar uma epígrafe em cada capítulo.

Uma das primeiras que ele me apresentou foi este pensamento do grande filósofo chinês que viveu entre

551 e 479 a.C. A característica mais importante da doutrina confuciana reside em seu senso prático e grande devoção pela humanidade. Confúcio fez a importante revisão na religião de seus ancestrais, enfatizando os preceitos morais e a importância destes no convívio entre as pessoas.

"Quando o discípulo está pronto, o mestre aparece."

Provérbio zen. Não perca tempo procurando soluções vindas de fora, invista em seu aprimoramento que a ajuda necessária chegará.

Este antigo provérbio, cuja redação mais tradicional fala em *guru*, não em mestre, é um de meus favoritos de longa data. Costumo citá-lo para meus clientes, enfatizando a importância de se investir no auto-aprimoramento.

Foi doloroso ver a frase publicada com um erro que altera seu sentido: "Quando o discípulo está *próximo*..." Depois desta desagradável surpresa, passei a enviar a coluna para o jornal por e-mail, em vez de fax, como fazia até então. Após enviá-la por fax, a coluna era digitada e a possibilidade de erros se tornava muito grande, pois passávamos a depender da impecabilidade do digitador. Sendo enviada pela Internet, por e-mail, a coluna já entra "pronta" no computador do jornal e só precisa ser paginada, o que facilita o trabalho e minimiza os erros de digitação.

“Quem conhece os outros é inteligente, quem conhece a si mesmo é iluminado.”

Esta frase, do filósofo chinês Lao-tsé, me foi enviada por Harry, morador de Duque de Caxias. Meu propósito aqui é tentar contribuir para nossa iluminação.

Uma das primeiras cartas de leitores que recebi trazia sugestões de provérbios para serem colocados na coluna. Depois de publicar a frase e homenagear a contribuição do leitor, recebi diversas cartas com sugestões que, por um motivo ou outro, não se adequavam à coluna.

Gostei da frase porque sublinhava um dado que sempre me pareceu relevante: a busca do autoconhecimento — o famoso axioma grego "Conhece-te a ti mesmo", atribuído tanto a Hipócrates quanto a Sócrates.

“A jornada dos mil dias começa pelo primeiro passo.”

Este provérbio chinês se aplica às situações em que nos assustamos ao ver os problemas, sem perceber que, aos poucos, poderemos lidar com todos eles, pois o tempo é nosso aliado.

Esta é outra das minhas antigas favoritas. Eu a ouvi pela primeira vez ainda muito jovem, e ela me ajudou a conter minha ansiedade em inúmeros momentos em que parecia que eu não teria a energia necessária ou o tempo suficiente para realizar meus projetos.

"A vida é uma dádiva da natureza. Uma vida bela é fruto da sabedoria."

Este provérbio grego nos ensina que, para melhorar nossa vida, precisamos investir no desenvolvimento da sabedoria.

Eu havia escrito: "... investir em desenvolver sabedoria." E a editora mudou para a forma como saiu, que me parece mais adequada.

Esta frase também foi reproduzida no livro *Linguagem da saúde*, e foi garimpada pelo Haroldo. No livro, foi usada como epígrafe do primeiro capítulo, dedicado ao tema da longevidade e da qualidade de vida. Na coluna, eu quis transmitir para os leitores a idéia de que podemos e devemos cuidar para que nossa vida seja bem aproveitada; e a qualidade dela depende muito de nosso esforço.

"A loucura é feita de certezas."

Na minha vida de psiquiatra, nunca vi um louco que tivesse dúvidas. Duvidar das próprias crenças ajuda a manter a saúde mental.

Esta é uma frase que repito constantemente e, tanto quanto consigo me lembrar, fui eu mesmo que a criei. Digo isto porque é sempre possível que algum grego antigo já tenha falado aquilo que acreditamos ser uma grande novidade.

Costumo dizer que os loucos estão internados porque não têm dúvidas. Quando eles começam a desconfiar de que talvez não sejam Napoleão, é porque o remédio está fazendo efeito. O filósofo alemão Friedrich Nietzsche (1844–1900), um genial frasista, cunhou uma frase algo parecida: "Não é a dúvida, mas a certeza que enlouquece." Esta frase parece se referir às angústias provocadas por determinados conhecimentos, enquanto a frase da coluna se refere à dificuldade que todos temos, e principalmente as pessoas menos sadias mentalmente, de suportar a incerteza e o desconhecido. A situação de não saber é muito angustiante porque o espaço vazio costuma ser preenchido pelos nossos piores pesadelos. Em conseqüência, as pessoas tendem a acreditar em afirmativas mesmo sem provas convincentes e preferem uma resposta errada à ausência de resposta.

"O pão nosso de cada dia nos dai, hoje."

Uma oração para uma jovem, e uma lição para todos nós: viver um dia de cada vez e ter a humildade de pedir ajuda a Deus.

Esta foi a primeira frase, de muitas que utilizei depois, que está estreitamente vinculada ao texto da coluna. Eu havia recebido uma carta que incluía um comovente texto chamado "Meu testamento", escrito por uma moça que morreu de púrpura trombocitopênica aos 17 anos de idade. Resolvi começar a coluna cedendo meu espaço para publicar o testamento dela e lembrei-me de escolher uma frase da oração ao Pai Nosso como uma espécie de prece pela alma da jovem. Aproveito para reproduzir aqui o testamento dela.

Um dia um médico determinará que meu cérebro parou de funcionar. De um modo essencial, minha vida parou. Quando isto acontecer, não tentem introduzir uma vida artificial em meu corpo, através de uma máquina.

Neste instante, dêem minha vista para um homem que nunca viu o nascer do Sol, a face de um bebê ou o amor nos olhos de uma mulher. Meu coração para uma pessoa a quem o próprio coração tem causado dias de sofrimento. Meus rins, dêem para quem dependa de uma máquina para existir, semana após semana. Dêem meu sangue, meus ossos, todos os meus músculos, meus nervos, e encontrem um jeito de fazer uma criança paralítica andar.

Explorem cada canto de meu cérebro. Tomem minhas células, se necessário, deixem-nas crescer; algum dia um garoto mudo vai ser capaz de gritar quando seu time fizer gol e uma garota surda vai poder ouvir o som da chuva através da janela.

Queimem o que restou de mim e joguem as cinzas ao vento para ajudar as flores a crescerem. Se realmente quiserem enterrar alguma coisa, enterrem minhas falhas, minhas fraquezas e tudo com que prejudiquei o meu companheiro. Dêem meus pecados ao diabo. E minha alma a Deus.

Se desejarem se recordar de mim, façam isso com uma doação ou uma palavra para alguém que esteja necessitado. Se fizerem tudo isso, eu viverei para sempre...

Este texto levou-me às lagrimas quando o li. Mostrei-o a diversas pessoas, minha mulher, meu filho Marcelo, minha nora. Todos choraram. Soube que muitas pessoas que o leram no jornal também ficaram comovidas. Recebi várias cartas de leitores falando dele. Porém o mais estranho foi que dois anos depois fiz uma pesquisa sobre a repercussão de minhas respostas junto às pessoas que me haviam escrito e a quem eu havia respondido. Recebi, entre muitas, duas mensagens especialmente emocionantes. Quando fui rever minhas respostas que haviam originado essas mensagens, tive um choque: as duas haviam sido publicadas exatamente abaixo do texto da moça, na mesma coluna. O que será que Deus quis dizer com isso? "Tudo o que nos acontece foi planejado para o nosso crescimento espiritual."

“A felicidade consiste em conhecer seus limites e amá-los.”

Esta frase do escritor francês Romain Rolland nos lembra que vivemos melhor quando admitimos nossas dificuldades e fraquezas.

Esta frase também foi uma contribuição de Haroldo e consta de nosso livro. Gosto dela porque nos ajuda a conviver com nossa fragilidade. Penso nos leitores que me escrevem descrevendo as agruras de sua vida e espero que ler uma frase como esta os ajude a suportar o peso do destino.

Romain Rolland (1866–1944) foi um romancista do começo do século. Sua obra mais importante, *Jean-Christophe*, um alentado romance publicado em cinco volumes, trata de seu assunto favorito: a música e a vida dos músicos. Durante a Primeira Guerra Mundial, tanto pelas idéias pacifistas quanto pela qualidade de sua obra literária, ele foi agraciado com o Prêmio Nobel de Literatura.

“Existem muitos caminhos para a sabedoria, mas todos começam com um coração partido.”

Com esta frase, Leonard Cohen assinala a importância da emoção e até do sofrimento para a conquista da sabedoria.

Este pensamento foi garimpado por mim de um dos muitos livros de frases que comecei a ler depois de iniciada a coluna. Estou sempre em busca de algo interessante para encerrar a coluna e já acumulei dezenas de livros sobre frases ou que contêm epígrafes, o que é muito comum nos Estados Unidos.

O canadense Leonard Cohen é poeta, romancista e compositor, autor de nove livros e mais de dez álbuns. Elton John, Bono, a banda R.E.M. e Sting são astros que apreciam publicamente seu trabalho.

Achei poética a expressão "coração partido" para falar da emoção e da dor que fazem parte da experiência que nos possibilita o desenvolvimento da sabedoria. Parece sábio também sublinhar a multiplicidade de caminhos que nos levam não apenas à sabedoria e a Roma, mas a quase todos os lugares e situações.

"Nossa capacidade de amar é limitada, e o amor, infinito; este é o drama."

Palavras sábias e repletas da ironia de nosso maior poeta — Carlos Drummond de Andrade.

Achei que estava pegando um pouco pesado nas últimas frases e procurei um tanto de leveza nos poetas, que sabem dizer as verdades com doçura. Drummond é minha grande admiração e aprendi a amar seus textos pelas mãos de meu irmão, Fernando Py — também poeta, e amigo dele —, sobre quem escreveu um livro. Entre as muitas dívidas de gratidão que tenho com Fernando, uma das maiores é a familiaridade com a poesia, principalmente de Drummond e do próximo citado, Mário Quintana.

A minha frase foi reeditada. Onde eu escrevi: "... repletas *da* ironia..." a editora substituiu por "*de* ironia". Eu estava me referindo à ironia de Drummond e ela se referiu à ironia das palavras do poeta. É interessante como uma letra pode fazer tanta diferença.

"A mentira é
uma verdade que
se esqueceu de
acontecer."

Com sua conhecida delicadeza e suave humor, o poeta Mário Quintana ameniza o tema da primeira carta de hoje.

Mário Quintana foi amigo de meu pai, gaúcho que viveu sua juventude numa Porto Alegre adoravelmente provinciana. Desde menino eu ouvia meu pai contar seus "causos" — histórias que vivera ou testemunhara, em muitas delas o principal personagem era o grande poeta e suas peculiaridades.

Aqui, tive possibilidade de fazer uma conexão entre o texto da coluna e a frase final, pois na primeira parte respondi à carta de um mentiroso compulsivo que me pedia ajuda para se livrar do que ele mesmo qualificava como um vício. Daqui em diante, sempre que possível, eu terminava meu escrito com uma frase que tivesse alguma relação com um dos assuntos abordados, como já havia feito com a oração para a moça que morreu aos 17 anos.

“Quanto menores são nossas necessidades, mais parecidos ficamos com os deuses.”

Assim o filósofo grego Sócrates nos aponta a frugalidade como caminho da virtude.

Mais uma frase garimpada por Haroldo Jacques para nosso livro. Esta serviu de epígrafe ao capítulo sobre compulsões e enfatiza o dado de que as pessoas compulsivas tornam-se vítimas de seus desejos.

Gosto da idéia de Sócrates (469–399 a.C.) de inverter a questão do atendimento das necessidades. Em vez de nos tornarmos poderosos para saciar os desejos, que tal diminuir o nível deles para nos tornarmos independentes do poder e de suas tentações?

Sócrates foi o primeiro filósofo de quem ouvi falar. Sempre me fascinou o fato de ele nunca ter escrito e sua filosofia ser por nós conhecida apenas através da obra de seu discípulo Platão (427–347 a.C.).

"Só por hoje me sentirei feliz com a certeza de ter sido criado para ser feliz, não só no outro mundo, mas também neste."

Estas palavras de João XXIII dão força à idéia de que temos o dever de procurar a felicidade.

Tirei este pensamento de um escrito de autoria de Angelo Roncalli, o papa João XXIII, talvez a figura mais interessante da Igreja Católica no século XX. Ele era um cardeal idoso, selecionado para ser papa enquanto se preparava o monsenhor Montini (que depois o sucedeu com o nome de Paulo VI) para o posto. Escolhido como um tapa-buraco, o cardeal Roncalli revolucionou a Igreja, direcionando-a para a luta em favor dos pobres através do Concílio Vaticano II. Várias inovações na liturgia católica foram geradas no concílio, que deu aos católicos um rumo menos conservador e mais para a esquerda.

A frase de João XXIII foi escolhida por se conectar com as duas primeiras cartas respondidas na coluna daquele domingo. Quando prestamos atenção, vemos nela a síntese da mudança de rumo da Igreja Católica na direção de procurar o bem-estar não apenas na outra vida, o que levava as pessoas a uma atitude de resignação frente às suas dificuldades, mas também nesta, o que representa um incentivo à luta contra a miséria.

Este é o texto completo de João XXIII:

1. Só por hoje procurarei viver exclusivamente este dia, sem tentar resolver de imediato o problema de toda minha existência.

2. Só por hoje terei o máximo cuidado com meu modo de tratar as pessoas, sendo delicado em minhas maneiras, não criticando ninguém, não pretendendo melhorar ou disciplinar ninguém senão a mim.

3. Só por hoje me sentirei feliz com a certeza de ter sido criado para ser feliz, não só no outro mundo, mas também neste.

4. Só por hoje ajustar-me-ei à realidade sem procurar fazer com que as coisas se ajustem a mim e a meus próprios desejos.

5. Só por hoje dedicarei 10 minutos do meu tempo a uma boa leitura, lembrando-me de que assim como é preciso comer para sustentar meu corpo, a leitura é necessária para alimentar a vida de minha alma.

6. Só por hoje exercitarei meu espírito de dois modos: farei uma boa ação sem contá-la a

ninguém e farei algo de que não gosto, que não tenho vontade de fazer, como disciplina. Se for ofendido em meus sentimentos, procurarei que ninguém o saiba.

7. Só por hoje farei um programa bem completo do meu dia. É possível que não o siga exatamente, mas, em todo caso, o terei. E me guardarei de duas calamidades: a pressa e a indecisão.

8. Só por hoje terei meia hora de quietude a sós e então repousarei. Durante essa meia hora procurarei obter uma melhor perspectiva de minha vida.

9. Só por hoje ficarei firme na fé com a certeza de que a Divina Providência se ocupa de mim como se somente eu existisse no mundo, ainda que as circunstâncias manifestem o contrário.

10. Só por hoje não terei medo de nada. Principalmente não terei medo de gozar do que é belo e de acreditar que do mesmo modo como eu me der ao mundo também o mundo se dará a mim.

"O viciado é uma alma em busca de uma religião."

Não precisa de punição, mas de ajuda.

Esta frase é minha. Está na linha da idéia, que partilho com outros, de que o uso de drogas está relacionado com uma busca religiosa maldirecionada. Vale a pena lembrar que a maioria dos rituais religiosos inclui a utilização de alguma droga. Não me refiro apenas à maconha usada pelos rastafáris, nem à mescalina dos peles-vermelhas, mas também ao vinho da eucaristia cristã e das cerimônias judaicas.

Por outro lado, o comentário que fiz sobre a frase tem a ver com minha preocupação com o tratamento policialesco dado ao usuário de drogas em nosso país. Esta frase se destina a complementar a resposta que dei na coluna à carta de uma jovem angustiada com a situação de seu irmão viciado em drogas.

Um dos maiores problemas sociais do Brasil se origina da política antidrogas que tem vigorado no país desde a promulgação da Lei nº 6.368, de 1976, que regula o uso de drogas no país e estabelece as sanções penais devidas, uma lei reconhecidamente incoerente e hipócrita, forjada nos labirintos de uma ditadura militar. A aplicação da lei, hoje responsável por mais de 50 por cento da população carcerária, tem seguido o mesmo rumo de incoerência e hipocrisia. Incoerente ao punir de maneira selvagem o usuário da droga e hipócrita ao fazer de conta que não existe imensa demanda por drogas que precisa ser estudada e compreendida. Tal demanda deve ser investigada e estudada por médicos, psicólogos e assistentes sociais, e não por policiais e advogados.

Só para dar um exemplo: nos Estados Unidos, em 1989, segundo Noam Chomsky (no livro *O que o tio Sam realmente quer*, UNB, 1999), as mortes devidas ao uso de tabaco estavam avaliadas em cerca de 300 mil por ano, e outras 100 mil eram devidas ao uso de álcool. Enquanto isto, as mortes ocasionadas pelo uso e abuso de todas as drogas ilícitas mal chegavam a 3.500 por ano. Segundo Chomsky, esta é uma das evidências de que o combate a determinadas drogas tem significado político e não médico ou social. É ridículo que a maconha esteja listada entre as drogas ilícitas, levando-se em conta o fato de que não há um único registro de morte por overdose de maconha na história, embora existam, somente nos Estados Unidos, 60 milhões de usuários da substância.

Finalmente, a meu ver, a questão fundamental a ser encarada quanto ao uso de drogas tóxicas reside no problema da liberdade individual e seu alcance; ou seja, até que ponto devemos impedir uma pessoa de exercer o direito de tratar sua vida da forma que melhor lhe convier, independentemente da opinião que a polícia ou o Estado tenham a respeito do assunto. A intromissão do Estado na vida particular do cidadão configura uma atitude prepotente e autoritária inadmissível em regimes democráticos. Uma questão de tal importância certamente não deveria ser reduzida à aplicação de uma lei como a nossa.

"Parte da cura está na vontade de ficar curado."

Frase do filósofo romano Sêneca, contemporâneo de Jesus Cristo. Já naquela época se sabia do valor da vontade humana.

Mais uma frase usada como epígrafe de capítulo do livro *A linguagem da saúde*. Esta também foi encontrada por meu parceiro Haroldo.

No livro, nós deixamos clara a importância que damos ao fator emocional na origem e na cura das enfermidades e também ao valor do esforço de cada pessoa na manutenção da própria saúde.

Sêneca (2–65 a.C.), além de filósofo e autor de diversos livros, como *Da cólera, Das boas ações, Cartas a Lucilius* etc., envolveu-se na sórdida política romana de sua época ao apoiar Nero, que havia sido seu pupilo. Acabou caindo em desgraça e foi condenado à morte pelo próprio imperador, que lhe ofereceu a alternativa de se suicidar cortando os próprios pulsos.

“Se Deus tivesse atendido a todas as orações tolas que fiz na vida, onde estaria eu agora?”

O escritor e pensador cristão C. S. Lewis nos alerta sobre a necessidade de sermos sérios em nossas preces.

Selecionei diversos pensamentos advertindo sobre a facilidade que temos para mal direcionar nossas orações. Temos a tendência a fazer pedidos imediatos, esquecidos de que os mais importantes são mais gerais e dizem respeito a todos, e não a cada um de nós em particular. Gosto muito desta frase por seu impacto. C. S. Lewis foi um dos primeiros autores de ficção científica que li. Em seus livros ele descrevia a vida em planetas onde Adão e Eva teriam resistido à tentação da serpente. A Terra era o planeta escuro, onde o diabo reinava. Toda sua literatura se baseia no cristianismo e em como ele imagina as relações entre o ser humano, Deus e o diabo.

Esta frase se relaciona com uma carta, respondida na mesma coluna, em que a leitora dizia rezar para que Deus fizesse com que a vida das pessoas à sua volta transcorresse de acordo com a vontade dela. A editora da coluna tem comigo uma conta corrente de débitos e créditos. Semana passada ela deixou passar uma alteração do nome do filósofo para Síneca. Esta semana, em troca, ela melhorou minha frase original excluindo a desnecessária palavra "minha" antes de "vida". E eu dei outra melhorada ao rever este livro: substituí a palavra "rezas" por "preces", muito mais bonita e expressiva.

"Não deveria ter filhos quem não quer ter o trabalho de criá-los e de educá-los."

O filósofo grego Platão, 400 anos antes de Cristo, já se preocupava com a responsabilidade dos pais.

Esta frase também se liga a uma carta respondida na coluna, que trata da questão dos filhos indesejados e pouco amados. Tentei complementar e reforçar minha resposta com as palavras de um importante filósofo, no caso o mais brilhante discípulo de Sócrates. A carta foi resumida assim:

Minha relação com minha mãe sempre foi fria. Minha irmã e meu irmão são mais bem tratados. Estou com uma filha de 2 anos e uma sobrinha de 5 meses, e minha mãe trata sua outra neta melhor do que minha filha. Como evitar que minha filha tenha ciúmes da prima e seja uma criança triste?

R., de São Cristóvão.

E esta foi a resposta:

Uma das situações mais tristes que podem acontecer em uma família é encontrar mães e pais que fazem distinção *entre os filhos, gostando de uns e rejeitando outros. Esta atitude significa, na prática, a rejeição a uma criança que nada fez para ser vítima dessa condição. A meu ver, o comportamento desses pais revela uma séria doença mental difícil de ser curada, pois não há desejo de tratamento por parte dessas pessoas. Pais que assumem essa atitude costumam negar o que fazem — ou, quando admitem inventam alguma explicação absurda para seu comportamento.*

Fazer diferença *não é dar tratamento desigual a pessoas distintas, ou ter uma relação diferente de um para outro filho, mas sim tratar mal uma criança, rejeitando-a ao sabor de caprichos pessoais, sem levar em conta o sofrimento causado. Tal comportamento demonstra egoísmo e falta de sensibilidade para com as necessidades do filho.*

As conseqüências para a criança são dolorosas e, às vezes, traumáticas. A criança discriminada pode se tornar um adulto ressentido. Ela fica a se perguntar o que fez de errado para ser rejeitada e passa anos tentando entender sua parcela de culpa no comportamento dos pais.

Para proteger sua filha de sua mãe, basta dar a ela todo o carinho que você não teve e afastá-la da avó o quanto possível. Quando a criança crescer, você poderá explicar a ela que a avó é uma pessoa pouco amorosa. Importante é você ter cautela para evitar que suas mágoas a levem a exagerar nas críticas à sua mãe. E procure evitar os maus exemplos dela.

“Deus nos dá as nozes, mas não as quebra para nós.”

Antigo provérbio alemão, que nos relembra da importância de lutarmos para conseguir nossos objetivos.

A segunda e a terceira cartas da semana estavam relacionadas com a questão da importância de lutarmos por nossas realizações. Este provérbio, também tirado do livro *A linguagem da saúde*, reforça as respostas que dei.

No livro, a frase servia de introdução ao capítulo sobre espiritualidade e sua ação benéfica desta sobre a saúde. Autores importantes de livros de divulgação, médicos como Kenneth Cooper, o famoso autor do método Cooper, Dean Ornish, o cardiologista do presidente Clinton, ou Herbert Benson, da Universidade de Harvard, primeiro cientista a estudar os efeitos da meditação oriental sobre o organismo, afirmam que a fé religiosa contribui para a manutenção da saúde e a cura mais rápida de enfermidades. Baseiam suas conclusões em estudos científicos altamente sofisticados e bastante bem elaborados. Eles valorizam o esforço que, na opinião deles, deve ser feito em busca do reencontro com a espiritualidade e com a fé.

"Uma criança não reza, ela é uma oração."

O filósofo americano Walt Whitman nos ajuda a aprender com nossos filhos como ficarmos mais perto de Deus, apenas convivendo com eles.

Encontrei esta frase em um livro americano de autoajuda. Acho-a muito poética e expressiva. Quem convive com crianças pode perceber o alcance da poesia de Whitman, principalmente quando temos de reforçar nossa paciência para lidar com as travessuras e as manhas dos filhos. Curiosamente, no texto qualifiquei o poeta como filósofo. Acho que estava valorizando mais o sentido da frase do que a sua beleza.

Usei a frase por causa da primeira carta da coluna, de uma jovem queixando-se dos maus-tratos em sua educação, por serem seus pais muito exigentes e intolerantes com os erros dela. Minha resposta, além de tentar atendê-la, visava também a dar um recado aos outros leitores, principalmente a pais pouco pacientes e pouco generosos com seus filhos.

Walt Whitman (1819–1892) foi o grande poeta norte-americano do século passado. Seu livro mais conhecido, *Folhas de relva*, é um canto ao livre desenvolvimento da personalidade humana e à vida rural.

"Vencer sem perigo é triunfar sem glória."

Frase do dramaturgo francês Corneille, na peça O Cid, *que vem a propósito da decisão da Copa do Mundo hoje, depois de 64 jogos.*

Usei uma frase que era minha conhecida antiga somente para ficar conectado com o acontecimento mais esperado daquele dia: a fatídica (para nós) decisão da Copa de 98, na França, pátria do dramaturgo Pierre Corneille (1606–1684), o pai da tragédia teatral em sua terra natal. Seus personagens eram heróicos e modelos de virtudes, como seriam idealmente os homens, e deveriam servir de referência para a admiração e o comportamento de todos.

“Experiência não é o que nos acontece, mas o que fazemos com o que acontece.”

Do escritor inglês Aldous Huxley, ensinando que não basta envelhecer para se tornar sábio.

Gosto muito dessa frase porque desmistifica a idéia que basta ficar velho para se tornar sábio. A meu ver, a sabedoria é conquistada com empenho e vontade. Só é sábio quem se esforça para ser.

Aldous Huxley foi um dos meus autores prediletos na adolescência. Ele escrevia sobre os círculos intelectuais londrinos, e eu apreciava muito sua sofisticação. Foi o primeiro escritor a se interessar pelo uso de drogas alucinógenas, como a mescalina (que ele usou bastante) e o ácido lisérgico (LSD-25). Ele escreveu dois importantes livros sobre o assunto: *O céu e o inferno* e *As portas da percepção*. O famoso conjunto de rock The Doors [As portas] adotou esse nome em homenagem ao livro de Huxley. Dizem que no dia de sua morte pediu para que lhe dessem ácido, pois assim queria vivenciar o fim da vida. A morte de Huxley praticamente passou despercebida, pois ocorreu no mesmo dia do assassinato do presidente Kennedy.

"...não vim chamar justos, mas pecadores."

Palavras de Jesus (Mateus 9:13), explicando por que jantava com pecadores. Antes dissera: "Não necessitam de médico os sãos, mas sim os enfermos" (Mateus 9:12). Cuidado com as Igrejas que maltratam os pecadores, pois todos nós pecamos, mas alguns escondem seus pecados.

Esta frase foi escolhida para reforçar as respostas que dei, na coluna, a duas cartas que relatavam maus-tratos por parte de fanáticos religiosos. Uma jovem me escreveu contando ter sido chamada de "mulher de Satã" porque havia tido relações sexuais com o namorado. A outra carta pedia "dicas" sobre como escolher uma religião.

Recebi duas ou três cartas de pastores protestando contra meu uso das palavras de Cristo. As cartas eram simpáticas e gentis, mas não escondiam um ranço de preconceito contra os "pecadores".

"Qualquer um pode saber quantas sementes existem numa maçã, mas só Deus pode saber quantas maçãs existem numa semente."

Poeticamente, Robert H. Schuller aceita que o conhecimento do futuro esteja fora do alcance da percepção humana.

Descobri este pensamento e me apaixonei por ele. Encontrei-o no livro *Coração no trabalho,* de Jack Canfield e Jacqueline Miller. Jack Canfield é, juntamente com Mark Hansen, autor de uma série de livros extremamente populares nos Estados Unidos, chamada *Histórias para aquecer o coração*. Alguns chegaram a ser publicados no Brasil, sem muito sucesso. Mesmo sem conhecer o trabalho de Robert Schuller, facilmente se presume que ele seja um pastor americano. Pastor, pelo conteúdo religioso, e americano, pela tradicional ligação deles com maçãs. Ele nasceu em 1926 e se ordenou pastor em 1950. Tem um programa de rádio e é autor de vários livros.

A beleza da frase, para mim, reside no sentimento de criação e de vida contido na idéia das sementes germinando. O outro aspecto importante é a serena aceitação da idéia de Deus como o detentor da sabedoria.

"Você fracassa porque não acredita."

Palavras ditas por Yoda para Luke Skywalker no filme Guerra nas Estrelas 5: O Império Contra-ataca, *de George Lucas. Precisamos acreditar na nossa capacidade para desenvolvê-las.*

Gostei da idéia de buscar frases interessantes em fontes pouco usadas. Quase todos se lembram das cenas do aprendizado de Luke junto a Yoda na série de filmes mais vista da história do cinema. Este foi outro pensamento usado no livro que fiz com Haroldo, no capítulo sobre religião e crescimento espiritual. Acho importante ter sempre em mente a noção de que a fé e o otimismo têm o poder de nos ajudar a chegar ao extremo de nossas capacidades.

"Não existe progresso sem sacrifícios."

É bom lembrar que a palavra sacrificar, originalmente, tinha o sentido de "tornar sagrado".

Usei este pensamento na esperança que ele ajude minha resposta à carta de uma moça que se queixava de ser compulsiva e a quem adverti sobre o esforço indispensável para dominar sua compulsão. Entendo que a única maneira de superar uma compulsão seja por meio de um exercício de severa disciplina. Isto só é possível se a disciplina estiver alicerçada numa vigorosa auto-estima. Os AA (Alcoólicos Anônimos) conseguem desenvolver a disciplina necessária para superar a compulsão pela bebida através de uma prática religiosa que resulta no reforço da auto-estima. Com isto conseguem excelentes resultados, a ponto de terem sido criados grupos de auto-ajuda para outras compulsões seguindo o modelo dos AA. A lembrança de que o conceito de sacrifício, que tanto usamos no nosso dia-a-dia, se liga ao de sagrado, com todo o seu sentido religioso. Por isto, essa frase pode nos dar uma dimensão mais profunda dos nossos sofrimentos cotidianos.

Revendo a coluna para preparar este livro percebi que não mencionei o autor. Não sei quem foi, mas verifiquei no livro do qual colhi esta frase que a mesma incluía o comentário que acrescentei em seguida, sobre o significado de tornar sagrado. Na tentativa de citar frases bem curtas, por vezes tenho colocado parte delas como se fossem o comentário, como neste caso.

"A liberdade é o que você faz do que foi feito a você."

Nesta frase, o filósofo francês J.-P. Sartre nos lembra que não devemos ser vítimas dos acidentes de nossa vida.

Jean-Paul Sartre é outro de meus pensadores favoritos. Desempenhou papel fundamental em minha formação intelectual. Hoje já não me encanta tanto, acho que sua ideologia de esquerda e seu existencialismo ficaram perdidos no passado, mas tenho grande respeito por sua obra e gratidão por tudo o que significou para mim. Dos escritos de Sartre, prefiro as obras de ficção, como a peça *Sem Saída*, em que suas idéias são veiculadas de forma prática por meio dos dramas das personagens.

Quanto ao pensamento dele selecionado para a coluna, acho sempre importante transmitir esta mensagem de que nossa vida depende de nós mesmos muito mais do que por vezes acreditamos. Todos nós temos, em maior ou menor grau, uma tendência a fugir das responsabilidades e nos declararmos impotentes para não nos sentirmos culpados pelo que nos acontece. Com a frase de Sartre, pretendo insistir na idéia de que você deve procurar sua responsabilidade pelo que lhe sucede.

"O ato de escrever é o ato de descobrir aquilo em que você acredita."

Esta idéia, de David Hare, serve tanto para quem escreve cartas quanto para quem as responde...

Gostei da frase, que descobri em um livro americano, e considerei um "toque" interessante para meus correspondentes e para mim mesmo. David Hare, o autor, é dramaturgo e roteirista britânico. No cinema, foi indicado ao Oscar e ao Globo de Ouro de roteiro adaptado em *As Horas,* estrelado po Meryl Streep, Juliana Moore e Nicole Kidman.

Adotei para mim, tenho indicado a alguns amigos e deixo aqui a você a sugestão de tentar escrever poesia, que encontrei no livro *Spiritual Serendipity,* de Richard Eyre. A obra assinala que é necessário ver alguma coisa com bastante clareza e com envolvimento para então escrever poesia sobre ela. Portanto, o esforço de escrever poesia obriga você a prestar atenção, sentir e pensar sobre o que escreve. Ao mesmo tempo, você não precisa se preocupar com a qualidade do poema, porque o leitor é você mesmo. Guardando seus escritos, você poderá compará-los e verificar seu progresso na habilidade para escrever, e, sobretudo, na capacidade de estar atento e reflexivo para com as situações — e as pessoas — que encontra pela vida.

"Vamos para onde está nossa visão."

Joseph Murray assim resume seu conselho para nos concentrarmos no que queremos e evitar gastar tempo e energia com aquilo de que queremos nos livrar.

A beleza deste pensamento está na originalidade da percepção de o quanto somos guiados por nossos sentidos. Alguém já disse algo semelhante ao assinalar que se vemos as estrelas é porque elas são importantes para nós. Trata-se de uma reflexão teleológica, ou seja, uma idéia sobre as finalidades das coisas a partir da doutrina que acredita existir no universo uma relação entre meios e fins, portanto, que tudo tem um sentido predeterminado.

De novo, selecionei um pensamento que estimula o leitor da coluna a assumir a responsabilidade sobre sua vida. Fico impressionado com o enorme número de cartas de pessoas se queixando do que lhes acontece sem perceberem como poderiam melhorar a própria vida. Tal qual na semana anterior, tirei esta frase de um livro americano; Joseph Murray é cirurgião e foi premiado com o Nobel de Medicina e Fisiologia em 1990, pelo trabalho pioneiro em transplante de órgãos e de células.

"Uma questão nunca está terminada enquanto não está bem terminada."

Assim, o poeta e escritor inglês Rudyard Kipling (1865–1936) nos adverte: não nos livramos das perguntas que a vida nos faz apenas dando uma resposta qualquer.

Existe uma fraqueza humana que nos induz a querer nos desvencilhar de tudo o que nos incomoda. Perguntas não respondidas costumam ser fonte de inquietação e incômodo. O pensador francês Malherbe dizia que "a resposta é o infortúnio da pergunta", significando que uma resposta pode destruir uma pergunta que mereceria ficar nos provocando e pedindo mais reflexões. Quando respondemos a uma pergunta, estamos encerrando o questionamento. Costumo dizer que quem quer uma resposta encontra, embora quase sempre a resposta nada tenha a ver com a verdade. Quem quer a verdade tem de procurar mais do que simplesmente uma resposta qualquer.

Ao rever a coluna para este livro, me surpreendi ao perceber que cometi um erro no entendimento da frase de Kipling. Em inglês, o significado da frase é outro. Uma questão, no caso, quer dizer uma pendência, o que implica em divergências e não em perguntas e respostas como imaginei. O laureado escritor, autor do célebre poema *Se*, quis dizer que os desentendimentos só são resolvidos quando se encontra uma solução satisfatória para todas as partes envolvidas. Apesar disto, julgo que meus comentários sobre o problema das perguntas e respostas continuam válidos.

"Um bom elogio pode me deixar inspirado por dois meses."

Com seu conhecido humor, o escritor americano Mark Twain enfatiza a importância de tratarmos bem uns aos outros.

Tenho uma preferência pelas coisas ditas com humor. Muitas frases foram selecionadas por conterem uma fagulha de inspiração alegre e bem-humorada. Quando o humor, como neste caso, faz do próprio autor seu objeto — a auto-ironia —, tem mais valor ainda, pois quem ri de si mesmo pode se manter feliz em qualquer circunstância. Estou convencido de que não se levar excessivamente a sério é fundamental para a felicidade. Nenhum de nós vale tanto para merecer ser levado a sério. Não devemos nos esquecer que somos um pequeno ser vivendo uma curta vida em um minúsculo planeta, que gira em torno de uma estrela de quinta grandeza, na periferia de uma entre bilhões de galáxias. Este ponto de vista cósmico nos reduz à nossa verdadeira importância — nenhuma.

Outra forma de se colocar esta questão é lembrar que a vida é muito curta. Provavelmente daqui a 100 anos estaremos todos mortos. Há duas lições que podemos extrair desta constatação. A primeira é que, sendo a vida tão curta, nada tem muita importância, e não precisamos sofrer por pequenas coisas, principalmente por pequenas vaidades. A outra é que, sendo a vida curta, não há tempo a perder com bobagens. Pense que você tem apenas uma semana de vida e imagine como gostaria de gastar esse limitado tempo. Você verá o que e quem realmente importam em sua vida.

Mark Twain (1835–1910), cujo verdadeiro nome era Samuel Langhorne Clemens, ficou famoso por suas bem-humoradas descrições da vida à beira do rio Mississippi. Seus livros mais populares têm como tema as peripécias de jovens (*As aventuras de Tom Sawyer* e *As aventuras de Huckleberry Finn*). Mark Twain deixou dezenas de frases espirituosas sobre os mais diversos assuntos, sempre com irreverente atitude frente às mais variadas instituições, da escola à Igreja, do casamento à morte.

Encontrei este pensamento — bem como o de Schuller, sobre as maçãs na semente — no excelente livro *Coração no trabalho,* de Jack Canfield e Jacqueline Miller.

“Cada povo tem o governo que merece.”

Tudo depende do cuidado com que escolhemos as pessoas em quem votamos.

Coloquei esta conhecida frase aproveitando o fato de estarmos em período eleitoral. Escolhi para publicar neste dia uma carta e sua resposta de cunho político em função do momento. Para não frustrar sua eventual curiosidade, reproduzo o resumo da carta e minha resposta, como saíram na ocasião.

Pergunta: *Faz mais de dois anos que fui demitida de meu primeiro emprego e não consegui outro. Tenho 24 anos, ensino médio completo em contabilidade e seis cursos de aperfeiçoamento. Ando desanimada, minha autoestima está baixa.*

S. C., São Gonçalo.

Resposta: *Você está sendo vítima da conjuntura econômica mundial. O desemprego não é apenas um problema nosso, ocorre em quase todos os países.Você precisa se preparar para enfrentar uma realidade em que o trabalho será realizado sem vínculo empregatício, o que requer muita iniciativa das pessoas. Existe também uma outra área de atuação para todos os que não quiserem ficar na posição de vítimas indefesas: a cidadania. Há poucos anos os brasilei-*

ros recuperaram o poder político que havia sido roubado pelo golpe militar de 1964, e é preciso que se aprenda cada vez mais a se utilizar dessa fonte de recursos em benefício de toda a população.

Existem muitas maneiras de exercermos nosso poder como cidadãos. Devemos protestar quando testemunhamos injustiças e combater tudo o que vemos acontecer de errado, escrevendo aos jornais e denunciando de todas as formas que pudermos. Precisamos nos agrupar em associações de moradores, de bairros; nos articular uns com os outros nos clubes, nas escolas, nas igrejas; e conhecer nossos direitos para fazê-los vigorar, sem pedir esmolas, mas cobrando o que nos é devido.

Agora estamos em época de campanha eleitoral e o destino do Brasil está em nossas mãos: o futuro do país depende dos políticos que vamos eleger no dia 4 de outubro. Não se trata apenas de eleger o presidente e o governador de nosso Estado. Nossa responsabilidade é muito maior do que isto: vamos eleger também parlamentares: senador, deputados federais e deputados estaduais. Escolher com cuidado é um dever de todos, em vez de depois nos queixarmos da corrupção e da incompetência. Antes de votar em um político, precisamos examinar sua atuação para escolher alguém que nos dê orgulho de ter contribuído para eleger. E devemos acompanhar o desempenho de nossos políticos nos quatro anos seguintes. Vamos pensar em como gostaríamos que fosse nosso país e escolher os políticos que se pareçam com a imagem do Brasil que queremos. Desejo a você e a todos os leitores boa sorte na escolha no próximo domingo.

“Permita que tudo o que você faz seja feito como se fizesse diferença.”

Conselho do filósofo americano William James sobre a importância da busca da qualidade.

William James (1842–1910) pertenceu a uma família de destacados intelectuais americanos. Seu pai, Henry James (1811–1882), foi um importante filósofo. Seu irmão, que também se chamava Henry James (1843–1916), ficou conhecido como escritor e é autor da novela *A volta do parafuso*, que se tornou um filme de sucesso com o nome *Os Inocentes*.

William James escreveu um importante livro sobre espiritualidade: *As variedades da experiência religiosa*, publicado em 1902. É um livro extremamente atual ainda hoje, praticamente 100 anos após ter sido lançado, em que ele estuda exaustivamente, do ponto de vista da psicologia, todas as manifestações de religiosidade e de fé. Um dos pontos mais importantes encontra-se no Capítulo 4, no qual ele estuda a relação entre religião e saúde mental e fala da felicidade como a principal meta do ser humano.

O pensamento que publiquei sintetiza sua postura de respeito em relação às menores coisas. Ele propõe a valorização de toda e qualquer atividade humana, a qualquer tempo, em qualquer lugar.

“Não encontre falhas, encontre a solução.”

Esta frase é de Henry Ford, fundador da conhecida empresa automobilística Ford. Nela, ele resume a maneira positiva de pensar que o levou ao sucesso.

Nesta coluna escrevi um longo texto sobre como ao longo dos anos os casamentos vão lentamente se desfazendo e sobre a importância, para cada um, de procurar salvar sua relação amorosa do desgaste do tempo. Achei que o pensamento pragmático de Ford, ou seja, sua preocupação com atitudes práticas, pudesse estimular uma atitude mais positiva da pessoa casada — como procurar remédios para o casamento em vez de buscar desculpas para o fracasso ou culpar o parceiro —, mesmo ciente de Ford estar falando de fábricas e operários e eu estar lidando com mistérios da alma.

Na coluna, o alvo de minha atenção eram as mulheres casadas. Levantei a questão da importância de se preparar para uma separação como solução, caso o impasse no casamento seja insuperável. E falei de atitudes práticas que precisam ser tomadas se houver necessidade de se desfazer o casamento.

"É melhor morrer sabendo do que viver na ignorância."

Antonio Maria, cronista carioca dos anos 50, resumiu assim sua ideologia de vida, dando ênfase ao amor pelo conhecimento.

Antonio Maria foi, provavelmente, o melhor cronista da noite carioca nos anos 50. Boêmio bem-humorado e trabalhador incansável, mantinha uma coluna diária nos jornais locais. Compôs grandes sucessos anteriores à bossa nova como *Ninguém me Ama*, *Menino Grande* e um delicado hino de amor ao Rio de Janeiro — *Valsa de uma Cidade*. Vítima de infarto, morreu antes dos 50 anos, de madrugada, em uma mesa de bar. Símbolo de uma época, a década de 1950 morreu um pouco junto com ele.

Lembro-me de ter lido esta frase em sua coluna no jornal. Naquele momento, ela foi importante para mim, pois resumiu uma atitude de busca da verdade que tenho procurado preservar durante a vida. Rememorando o pensamento de Maria, quis partilhar com o leitor a referência que me foi tão significativa.

“Quando a escuridão é suficiente, podemos ver as estrelas.”

Charles Beard, pensador americano, nos relembra de que circunstâncias aparentemente desfavoráveis podem nos ser úteis.

Essa imagem, de que na escuridão podemos ver melhor as pequenas luzes, é para mim muito querida. Um grande pensador, Sigmund Freud, criador da psicanálise, disse em uma carta que por vezes precisamos de nos cegar artificialmente para melhor percebermos sutis ocorrências emocionais. Outro psicanalista e também pensador genial, o inglês Wilfred Bion dizia que era preciso um raio de escuridão para melhor se perceber situações excessivamente iluminadas. Em outras palavras: só conseguimos ver os objetos fosforescentes no escuro. É preciso mudar as circunstâncias da percepção para podermos ver o que antes estava invisível. Tudo isto está magnificamente sintetizado na frase de Beard. Esse intelectual progressista é um dos fundadores da New School for Social Research, atualmente conhecida como New School University. Presumi que Charles Beard é americano e considero-o um pensador. Foi assim que o qualifiquei na coluna.

"Só podemos mudar o que aceitamos. Condenar não liberta, apenas oprime."

Esta é uma boa advertência do psicanalista suíço Carl Gustav Jung.

Achei que esta frase ajudava a complementar o texto que escrevi para a coluna naquele dia, falando de separação de casais e da importância de se assumirem as responsabilidades sem culpas ou acusações.

Jung foi um dos primeiros a aderir ao grupo inicial de psicanalistas. Ele foi muito prestigiado por Freud, que o considerava seu principal discípulo. Tiveram um rompimento definitivo porque Jung insistia em valorizar questões espirituais que Freud desejava manter fora da área de interesse da psicanálise por motivos práticos. Freud achava que tais questões, pela sua complexidade, tumultuariam a pesquisa psicanalítica, enquanto Jung achava que essas questões, por sua importância, nunca poderiam ficar de fora. O rompimento entre eles foi definitivo — nunca mais se falaram até a morte de Freud, quase 30 anos depois.

"Já vivi muito e sofri muitos problemas; mas a maioria deles nunca aconteceu."

Esta é mais uma mensagem anônima da maturidade, útil para qualquer um de nós.

Nesta coluna escrevi um texto destinado aos jovens sobre dificuldades amorosas. Acredito que esta frase, com sua bem dosada ironia, foi um complemento adequado ao que eu havia escrito, sublinhando o fato de muitas vezes os jovens sofrerem por ilusões. Mencionei a idéia de que a experiência nos ensina que a escolha do parceiro não deve dar prioridade ao mais sedutor, mas à pessoa junto a quem conseguimos nos tornar melhores. Este será o melhor companheiro: não quem nos excita, mas quem traz à tona o melhor de nós mesmos.

Encontrei este pensamento em um livro americano e achei-o muito próprio do tipo de mensagem que desejo enviar ao leitor da coluna. Diversas cartas que recebo falam de sofrimentos relacionados não com fatos, mas com expectativas.

"Louca pode ser a aventura, não o aventureiro."

Atenção para o "toque" de Amyr Klink, heróico navegador brasileiro.

Depois de escrever um texto dedicado aos namorados que sonham com o casamento e vêem dificuldades práticas à realização de seu ideal, ouvi a frase, atribuída a Klink, e a visualizei como um fecho adequado que bem resumia algumas das idéias desenvolvidas na coluna. Terminei meu texto estimulando os namorados a sonhar com o futuro, dizendo: "Quando sonhamos juntos, os sonhos se fortalecem. Compartilhar sonhos significa compartilhar uma intimidade espiritual que aproxima as pessoas e estimula o amor entre elas."

“Eu me comemoro, e canto para mim mesmo.”

O poeta americano Walt Whitman nos lembra da importância da auto-estima.

Este foi o primeiro autor a ser citado duas vezes na coluna. Walt Whitman merece a importância que lhe é dada não apenas por sua delicada poesia, mas, principalmente, pela profundidade de seus pensamentos expressos com tanta simplicidade. Esta é uma qualidade rara e preciosa: a capacidade de formular idéias valiosas sem nenhuma afetação.

A frase de Whitman foi escolhida para esta coluna porque eu escrevi um pequeno artigo sobre a importância da auto-estima e da necessidade de se virar as páginas do passado sem se deixar prender às recordações de infortúnios vividos. Achei que a evidente exuberância do poeta complementava vigorosamente meus pensamentos.

"O sábio não dá atenção à honra nem à dignidade, ele apenas se interessa por viver a vida."

Carlos Castaneda cita D. Juan, um feiticeiro mexicano, falando sobre os prejuízos que a vaidade nos causa.

Castaneda foi um antropólogo da Califórnia que nos anos 60 pesquisou a feitiçaria mexicana e escreveu interessantes livros de enorme sucesso sobre a filosofia de vida de bruxos do México e suas práticas religiosas. Ele próprio se tornou um feiticeiro. Seus livros serviram a muitas pessoas como guia espiritual. Estas palavras, retiradas de seu primeiro livro, *A erva do diabo*, resumem o pensamento de D. Juan sobre o desperdício de energia que a vaidade provoca quando nos faz agir em função de uma auto-imagem que pouca ou nenhuma diferença faz em um contexto mais amplo de nossa vida. Quando você desconfiar de que está desperdiçando sua energia para atender sua vaidade, pergunte-se que importância terá o seu esforço dentro de um ano. Se a resposta for "nenhuma", você já saberá da inutilidade de sua ação.

Fiz uma adaptação do pensamento, pois no original Castaneda usava, em vez da palavra "sábio", a expressão "homem de conhecimento", que, segundo ele, era a forma como o bruxo D. Juan Matus se referia às pessoas que, no seu entendimento, possuíam sabedoria. A frase completa era assim: "Um homem de conhecimento não tem honra nem dignidade, apenas a vida para viver." Acho a forma original mais bonita, porém mais difícil de ser entendida fora do contexto do livro, que requer uma explicação tão grande quanto esta, longa demais para caber na coluna.

"Quando os deuses querem nos punir, eles atendem nossas orações."

O cineasta americano Orson Welles alerta, com humor, sobre o quanto nos enganamos acerca de nossas necessidades.

Esta frase foi retirada de um livro americano de auto-ajuda e provavelmente o autor é citado incorretamente. Reencontrei depois a mesma frase atribuída ao escritor inglês Oscar Wilde (1856–1900), que possuía o humor típico desta observação. Acho que o erro de citação está relacionado ao fato das iniciais de ambas as personalidades serem as mesmas.

Oscar Wilde fez fama por sua capacidade de comunicação oral. Diziam seus contemporâneos que sua brilhante escrita era uma pálida imitação de sua fala, ainda mais fulgurante. Ele nos deixou algumas peças teatrais como *A Importância de Ser Ernesto* e *Salomé*, novelas como *O fantasma de Canterville* e *O retrato de Dorian Gray* e alguns contos infantis notáveis por sua delicadeza. Considerado um representante da decadência de costumes do fim do século XIX, ficou preso durante quatro anos por corrupção de menores. Morreu aos 44 anos, na passagem para o século XX, em 1900.

Este pensamento de Wilde é muito semelhante a outro, que citei antes, de C. S. Lewis. Ambos tratam da questão de como costumamos formular mal nossos desejos, sem levarmos em consideração a relevância para o futuro do que queremos no momento.

"Não se pode falar mal de alguém antes de usar suas alpargatas durante as quatro fases da Lua."

Provérbio dos índios americanos, que assinala a importância de tentar entender os sentimentos alheios.

Eu havia escrito um texto sobre o Natal, falando da importância do perdão e da tolerância, próprios do clima natalino de desarmamento dos espíritos. Lembrei-me desta frase que conheço há muitos anos, sob diferentes formas, mas sempre com o mesmo sentido: tentar a identificação com o próximo como uma forma de melhor compreendê-lo para tornar possível o perdão sincero. A expressão "as quatro fases da Lua" sublinha a importância de se ter tempo suficiente para bem compreender a experiência alheia.

“Toda saída é uma entrada para outro lugar.”

Tom Stoppard diz que há sempre outra maneira de entender a vida.

Nada melhor do que um sábio pensamento sobre entradas e saídas para a última coluna do ano, que se encerra na expectativa de um novo ano, de novos projetos. O inglês Tom Stoppard (1937-) é um dos dramaturgos mais importantes do século XX.

Considero esta frase, por seu tom aventureiro e otimista, aparentada com o conhecido verso do poeta português Fernando Pessoa: "Tudo vale a pena se a alma não é pequena." E com Pessoa pretendo encerrar este livro, afirmando que *vale a pena* citar um trecho maior do poema "Mar Português", em que se encontra o verso. O poema, com todos os seus pontos de exclamação, é uma saudação elogiosa aos navegadores portugueses que conquistaram o mundo, enfrentando perigos e dificuldades, e àqueles que morreram em naufrágios ou em combates.

Começa assim: "Ó mar salgado, quanto do teu sal / São lágrimas de Portugal!" Mais adiante ele diz: "Quantos filhos em vão rezaram!... / Para que fosses nosso, ó mar!" E segue, perguntando e respondendo: "Valeu a pena? Tudo vale a pena / Se alma não é pequena."

Valeu!

Sobre o Autor

Luiz Alberto Py é co-autor com o dr. Haroldo Jacques do livro *A linguagem da saúde*, publicado em 1998 pela editora Campus, autor de *Saber amar*, *A felicidade é aqui*, *Olhar acima do horizonte* e co-autor de *O caminho da longevidade* e *Grupo sobre grupo*, publicados entre 1987 e 2006 pela editora Rocco. Assina textos em outros cinco livros, tem 34 artigos publicados em diversas revistas científicas e 42 artigos apresentados em congressos, 13 deles internacionais.

Atualmente, escreve para o jornal *O Dia*, do Rio de Janeiro, a coluna "Mistérios da alma", publicada aos domingos desde fevereiro de 1998, e para a revista semanal *Caras*, de São Paulo, desde 1994. Entre 2001 e 2002 foi colaborador do jornal *No.com.br*. Seu conto "Um tiro justo" foi publicado na revista *Playboy* em julho de 1996.

Na televisão, foi comentarista do jornal do Canal Futura, assessor das três primeiras edições do reality show *Big Brother Brasil* e consultor dos programas *Mais Você*, *Domingão do Faustão*, *Linha Direta* e *Caldeirão do Huck*.

Luiz Alberto Py formou-se em medicina pela UFRJ em 1963 e fez três anos de residência em psiquiatria. Graduou-se psicanalista pela Sociedade Brasileira de Psicanálise de São Paulo em 1974 e diplomou-se Conselheiro matrimonial, familiar e infantil em 1978 pelo Board of Behavioral Sciences, na Califórnia, Estados Unidos.

Em 1982, presidiu a Sociedade de Psicoterapia Analítica de Grupo, entre 1984 e 87 foi presidente reeleito da Associação Brasileira de Psicoterapia Analítica de Grupo e de 1989 a 92 integrou a diretoria da Sociedade Internacional de Psicoterapia em Grupo.

Entre suas atividades didáticas, foi professor assistente da Faculdade de Medicina da Santa Casa, em São

Paulo, de 1969 a 70, professor assistente da Faculdade de Medicina da UERJ entre 1972 e 74, supervisor da Sociedade de Psicanálise Iracy Doyle, no Rio de Janeiro, de 1977 a 79, e da Sociedade de Psicoterapia Analítica de Grupo, também do Rio, entre 1980 e 90 e analista didata da Sociedade Brasileira de Psicanálise do Rio de Janeiro. Presidiu e organizou diversos congressos, como a I International Week of Group Therapy (Rio de Janeiro, 1987); o VI Congresso Nacional de Psicoterapia de Grupo (Rio de Janeiro, 1986) e o I Encontro Nacional de Psicoterapia de Grupo (Caxambu, MG, 1985). Proferiu 23 conferências no Rio de Janeiro, em Niterói, Los Angeles, São Paulo, Brasília, Cuiabá, e ministrou 28 cursos no Rio de Janeiro, em Brasília, Fortaleza, São Paulo, Recife, Cuiabá, Manaus.

Também em 1982, foi diretor responsável do *Gradiva*, jornal de estudos psicodinâmicos publicado trimestralmente no Rio de Janeiro.

Trabalha como psiquiatra e psicanalista em seu consultório particular no Rio de Janeiro e como consultor de empresas familiares e palestrante em todo o país.

Este livro foi composto na tipologia Perpetua,
em corpo 12.5/19, impresso em papel off-white 90g/m²,
no Sistema Cameron da Divisão Gráfica da Distribuidora Record.